CHEFS-D'ŒUVRE DU LOUVRE

CHEFS-D'ŒUVRE DU LOUVRE

Introduction
MICHEL LACLOTTE

ABBEVILLE
NEW YORK PARIS LONDRES

Copyright © 1993, Éditions Abbeville

Conception graphique : Studio X-Act, Paris
Suivi éditorial : Les Quatre Coins Edition
Photographies : Hubert Josse

Petit Carré est une marque déposée par les Éditions Abbeville

5e édition
Cet ouvrage a été achevé d'imprimer en novembre 1997
Dépôt légal 4e trimestre 1997
ISBN : 2-87946-077-8
Imprimé en Italie

SOMMAIRE

REMERCIEMENTS

Nous tenons à remercier ici, pour leur aide précieuse et avisée,
les conservateurs en Chef des sept départements
du Musée du Louvre ainsi que leurs équipes :

ANNIE CAUBET
Département des Antiquités orientales

JEAN-LOUIS DE CÉNIVAL
Département des Antiquités égyptiennes

ALAIN PASQUIER
Département des Antiquités grecques, romaines et étrusques

DANIEL ALCOUFFE
Département des Objets d'art

JEAN-RENÉ GABORIT
Département des Sculptures

PIERRE ROSENBERG
Département des Peintures

FRANÇOISE VIATTE
Département des Arts graphiques

INTRODUCTION

*I*L Y A EXACTEMENT deux cents ans, le musée du Louvre ouvrait pour la première fois ses portes au public. C'est en 1793 que, reprenant un projet de l'Ancien Régime, la jeune République installe en effet dans l'ancien palais des rois de France un choix de tableaux, de dessins, de statues et d'objets d'art provenant pour l'essentiel des collections royales devenues nationales, afin de constituer le «Museum Central des Arts», le musée de la nation.

Au cours de ces deux siècles, on voit le musée investir progressivement les différentes parties du palais et les constructions postérieures qui le côtoyaient (notamment le ministère des Finances), pour occuper aujourd'hui la totalité de cet immense ensemble architectural qui, le long de la Seine, s'ouvre largement sur la ville et sur les jardins.

L'opération du «Grand Louvre» qui se déroule actuellement transforme le musée de fond en comble, au sens strict de ces termes, puisque de gigantesques travaux ont déjà dégagé les magnifiques fossés du château-fort médiéval et enfoui sous terre de vastes zones d'accueil pour le public et d'indispensables équipements techniques, tandis que le palais lui-même est restauré et complètement réaménagé. La restauration des façades sculptées des cours, l'installation d'une nouvelle entrée au milieu de la cour Napoléon signalée par la pyramide d'I. M. Pei, la présentation de la peinture française autour de la cour Carrée, la transformation de l'ancien ministère des Finances en musée, telles sont les principales étapes, déjà franchies, d'une progressive et totale métamorphose du Louvre. Le doublement des surfaces de présentation pour les œuvres permettra, au cours des années, d'opérer un redéploiement complet des collections, plus logique et plus généreux.

Un programme aussi radical de modernisation muséographique s'accompagne, il faut le souligner, d'un respect légitime du passé ; respect des décors intérieurs anciens, cela va de soi, mais également, pour la construction des nouvelles salles, des structures originelles des bâtiments ; et aussi respect des traditions du musée lui-même, telles qu'elles se sont façonnées, en deux siècles, à travers la constitution et le développement de ses collections.

L'histoire des collections commence, on l'a dit, avec le regroupement au Louvre des trésors artistiques rassemblés par les rois de France depuis François Iᵉʳ. Ce fonds prestigieux est encore enrichi, pendant la période révolutionnaire, grâce à la nationalisation des collections d'émigrés et des biens des églises, à des achats, et enfin aux conquêtes en Europe de la République puis de l'Empire. Seul un petit nombre de ces dernières acquisitions devait d'ailleurs rester à Paris, puisqu'après Waterloo (1815), le Louvre dut restituer aux Alliés la plus grande partie des peintures et des sculptures antiques conquises en Italie, aux Pays-Bas, en Allemagne, et en Belgique, qui avaient enrichi l'éphémère et extraordinaire «Musée Napoléon».

Depuis lors, les collections n'ont cessé de s'accroître. Tout au long du XIXe siècle, de nouvelles sections s'ouvrent l'une après l'autre : le «Musée égyptien» fondé en 1826 par Champollion, le «Musée assyrien» en 1847, tandis que les départements déjà constitués étendent méthodiquement leur domaine. C'est ainsi, pour citer seulement quelques exemples, que les «primitifs» et les arts du Moyen Âge longtemps oubliés, puis la peinture et les arts décoratifs du XVIIIe siècle, méprisés par le goût néoclassique, enfin, le moment venu, l'art «moderne», celui du XIXe siècle, entrent peu à peu au Louvre. Grâce à une politique constante d'achats, à la générosité éclairée d'une lignée ininterrompue de plus de 3 000 donateurs, et, pendant un temps, aux résultats des fouilles archéologiques, le Louvre a toujours tenté de parfaire la représentation des foyers et des moments les plus significatifs de la création artistique en Europe et dans l'Orient proche. Ainsi se prolongeait et demeurait vivant l'idéal encyclopédique qui avait présidé à la fondation même du musée, au XVIIIe siècle.

Aujourd'hui les collections du Louvre sont partagées entre sept départements. Les trois premiers (Antiquités orientales, Antiquités égyptiennes, Antiquités grecques, étrusques et romaines) illustrent l'art et la civilisation de l'antiquité méditerranéenne et orientale ainsi que ceux de l'Islam, et cela, à travers toutes les techniques artistiques. Les quatre départements «modernes» évoquent, mais cette fois technique par technique (sculptures, peintures, objets d'art, arts graphiques), l'art occidental depuis le haut Moyen Âge jusqu'au milieu du XIXe siècle.

C'est à un parcours à travers les chefs-d'œuvre les plus célèbres de ces sept départements que convie ce petit livre. Souhaitons qu'il permette aux visiteurs de garder en poche un souvenir de ce qu'il aura vu au fil de sa promenade et qu'il l'incite à revenir pour découvrir d'autres œuvres encore.

Michel Laclotte

ANTIQUITÉS
ORIENTALES

Idole aux yeux
Mésopotamie du nord, vers 3300-3000 av. J.-C.
Terre cuite. H. 0,27

Relief d'Our-Nanshé
Tello, ancienne Girsou, vers 2500 av. J.-C.
Calcaire. H. 0,40; L. 0,47

Ebih-Il, intendant de Mari
Mari, moyen Euphrate, temple d'Ishtar, vers 2400 av. J.-C.
Albâtre. H. 0,52

Stèle des vautours
Tello, ancienne Girsou, vers 2450 av. J.-C.
Calcaire. H. 1,80; L. 1,30

« Étendard » de Mari
Mari, moyen Euphrate, temple d'Ishtar, vers 2400 av. J.-C.
Coquille et mosaïque

Vase d'Enténéma, prince de Lagash
Tello, ancienne Girsou, vers 2400 av. J.-C.
Argent et cuivre. H. 0,35; L. 0,18

Stèle de Narâm-Sîn, roi d'Agadé
Butin de Mésopotamie, vers 2250 av. J.-C.
Grès rose. H. 2,00 ; L. 1,05

Goudéa, prince de Lagash
Tello, ancienne Girsou, vers 2120 av. J.-C.
Diorite. H. 0,23; L. 0,11

Statue de Goudéa, dite l'«Architecte au plan»
Tello, ancienne Girsou, vers 2120 av. J.-C.
Diorite. H. 0,93; L. 0,41

L'ordonnateur du sacrifice royal
Mari (Syrie), vers 1800 av. J.-C.
Peinture murale sur enduit de plâtre blanc. H. 0,76 ; L. 1,32

Hammourabi en prière
Larsa (Irak), vers 1760 av. J.-C.
Bronze et or. H. 0,19 ; L. 0,15

Code des lois de Hammourabi, roi de Babylone
Suse, butin de Mésopotamie, XVIIIᵉ siècle av. J.-C.
Basalte. H. 2,25

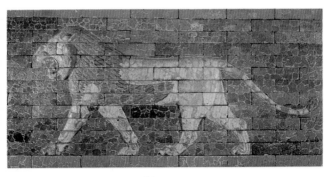

Lion passant
Babylone, temple d'Ishtar, VIe siècle av. J.-C.
Briques à glaçure. H. 1,05; L. 2,17

Taureau ailé
Khorsabad, palais du roi Sargon II, 713-705 av. J.-C.
Gypse. H. 4,20; L. 4,36

Le roi Sargon et un dignitaire
Khorsabad, palais du roi Sargon II, 713-705 av. J.-C.
Gypse. H. 2,98; L. 1,22

Boisseau
Suse, vers 4000 av. J.-C.
Terre cuite peinte. H. 0,58; Diam. 0,16

Statue de la reine Napir-Asou
Suse, époque médio-élamite, 1350 av. J.-C.
Bronze. H. 1,29; L. 0,73

Anse de vase en forme de bouquetin ailé
Époque achéménide, Ve siècle av. J.-C.
Argent et or. H. 0,27; L. 0,15

Gobelet décoré de monstres fabuleux
Civilisation de Marlik (Iran du nord), XIIIᵉ–XIIᵉ siècle av. J.-C.
Electrum. H. 0,11

Archers de Darius
Suse, époque achéménide, vers 500 av. J.-C.
Briques à glaçure. H. 2,00

Chapiteau d'une colonne de l'Apadana
Suse, époque achéménide, vers 600 av. J.-C.
Calcaire. H. 3,20

Stèle de Baal au foudre
Ras Shamra, ancienne Ougarit, XIVe siècle av. J.-C.
Grès. H. 1,42

Patère de la chasse
Ras Shamra, ancienne Ougarit, XIVe siècle av. J.-C.
Or. H. 0,03 ; Diam. 0,18

Couvercle de boîte à fard avec la Maîtresse des animaux
Minet el Beida, port de l'ancienne Ougarit (Syrie), XIIIe siècle av. J.-C.
Ivoire d'éléphant. H. 0,137

Triade des dieux palmyréniens
Région de Palmyre, vers 150 ap. J.-C.
Calcaire. H. 0, 71

Pyxide d'al-Mughira
Cordoue, 968
Ivoire. H. 0,176; Diam. 0,113

Bassin, dit Baptistère de saint Louis
Syrie ou Égypte, fin du XIIIe ou début du XIVe siècle
Laiton martelé, gravé, incrusté d'argent, d'or et de cuivre
signé Muhammad ibn al-Zayn. H. 0,232; Diam. 0,505

Coupe au cavalier fauconnier
Iran, fin XIIᵉ-début XIIIᵉ siècle
Céramique siliceuse à décor de petit feu, rehaussé d'or
et de lustre métallique. H. 0,065; Diam. 0,22

Plat au paon
Iznik, Turquie, deuxième quart du XVIᵉ siècle
Céramique siliceuse à décor peint sous glaçure.
H. 0, 08; Diam. 0,375

*Portrait de Shah Abbas I*er
Ispahan, 12 mars 1627
Encre, couleur et or sur papier, signé Muhammad Qasim
H. 0, 275; L. 0,168

Tapis aux animaux
Iran, Kachan, XVIᵉ siècle
Soie, nœud asymétrique. H. 1,24; L. 1,09

L'Imam Reza combattant un Div
Iran, Tabriz ou Qazvin, vers 1550
Page du Falnama (« Livre des Présages »). H. 0,59; L. 0,54

ANTIQUITÉS
ÉGYPTIENNES

Statuette d'homme
Fin de la préhistoire, vers 4000-3500 av. J.-C.
Taillée dans une incisive d'hippopotame. H. 0,24

Poignard du Guebel el-Arak
Fin de la préhistoire, vers 3300–3200 av. J.-C.
Proviendrait du Guebel el-Arak Manche en ivoire
(canine d'hippopotame). H. du manche 0,45

Stèle du Roi-Serpent
Provient de la tombe du Roi-Serpent à Abydos
Époque thinite, vers 3100 av. J.-C.
Calcaire. L. 0,655

Tête du roi Didoufri
Provient d'Abou Roach, vers 2570 av. J.-C. (4ᵉ dynastie)
Grès rouge. H. 0,26

Stèle de Nefertiabet
Provient de Guiza, Ancien Empire, vers 2590 av. J.-C.(4ᵉ dynastie)
Calcaire peint. L. 0,525

Détail d'une paroi du mastaba d'Akhhétep
Provient de Sakkara, Ancien Empire, vers 2400 av. J.-C. (5ᵉ dynastie)
Scribes enregistrant les rentrées des fermes, scène de chasse au filet
Calcaire peint. Dimensions intérieures: L. 4,25; P. 1,63

51

Le « Scribe accroupi »
Provient de Sakkara
Ancien Empire, vers 2620-2350 av. J.-C. (4ᵉ ou 5ᵉ dynastie)
Calcaire, albâtre et cristal de roche. H. 0, 537

Couple
Vers 2350–2200 av. J.-C. (6ᵉ dynastie)
Acacia. H. 0,699

Le Grand Sphinx
Trouvé à Tanis, règne d'Amenemhat II ?
Vers 1929-1895 av. J.-C. (12ᵉ dynastie)
Granite rose. L. 4,80

Le Roi Sésostris III
Médamoud, vers 1870-1843 av. J.-C. (12ᵉ dynastie)
Diorite. H. 1,19

Hippopotame
Vers 2000-1900 av. J.-C. (début 12ᵉ dynastie)
Faïence égyptienne. L. 0,205

Statue du chancelier Nakhti
Assiout, vers 2000-1900 av. J.-C. (début 12e dynastie)
Acacia. H, 1,785

Coupe du général Djéhouty
Vers 1490-1439 av. J.-C. (18ᵉ dynastie)
Or. Diam. 0,179. H. 0,022

Senynefer et Hatchepsout
Vers 1410 av. j.-c. (18e dynastie)
Grès peint. H. 0,62; L. 0,82

Cuiller en forme de nageuse tenant un canard
Vers 1365-1349 av. j.-c. (18ᵉ dynastie)
Bois et ivoire. L. 0,325

Statue colossale du roi Aménophis IV / Akhénaton
Vers 1365-1349 av. J.-C. (18e dynastie)
Grès peint. H. 1,37

Torse de femme, probablement la reine Néfertiti
Règne d'Aménophis IV/Akhénaton
Vers 1365-1349 av. J.-C. (18e dynastie)
Grès cristallisé. H. 0,29

Tête de princesse
Règne d'Aménophis IV/Akhénaton
Vers 1365-1349 av. J.-C. (18e dynastie)
Calcaire peint. H. 0,154

Statue de la Dame Nay
Vers 1400 av. J.-C. (18e dynastie)
Bois de conifère doré. H. 0,31

Imeneminet et sa femme Takha
Vers 1340 av. J.-C. (18e dynastie)
Calcaire peint. H. 0,56

Le Dieu Amon et le roi Toutankhamon
Vers 1347-1337 av. J.-C. (18e dynastie)
Diorite. H. 2,14

La Déesse Hathor et le roi Séthi Ier
Provient de la tombe de Séthi Ier (Vallée des Rois)
Vers 1303-1290 av. J.-C.
Bas-relief. Calcaire peint. H. 2,265

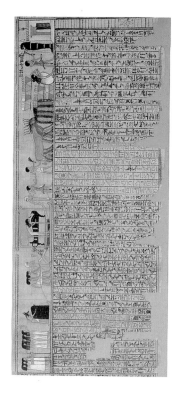

Détail du papyrus de Nebqued
Vers 1300 av. J.-C. (18e dynastie)
Papyrus peint. H. 0,30

Relief de Ramsès II enfant
Vers 1290-1224 av. J.-C. (19e dynastie)
Calcaire. H. 0,18

Pectoral en forme de rapace à tête de bélier
Règne de Ramsès II, vers 1290-1224 av. J.-C. (19ᵉ dynastie)
Or, pierres semi-précieuses. H. 0,135; L. 0,157

Sarcophage de Ramsès III
Nouvel Empire, vers 1196-1162 av. J.-C. (20ᵉ dynastie)
Granite rose. H. 1,80

Triade d'Osorkon
Vers 889–866 av. J.-C. (22ᵉ dynastie)
Or, lapis-lazuli, verre. H. 0,09

Statue de la «divine adoratrice», Karomama
Vers 870–825 av. J.-C. (22ᵉ dynastie)
Bronze incrusté d'or, d'argent. H. 0,595

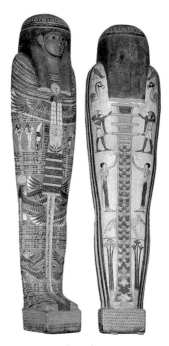

Sarcophage d'Imeneminet
Vers 800 av. J.-C.
Étoffe agglomérée plâtrée et peinte. H. 1,88

Statue de Nakhthorheb
595-589 av. J.-C. (26ᵉ dynastie)
Grès cristallisé. H. 1,48

Tête d'homme au crâne rasé
IVᵉ siècle av. J.-C.
Schiste. H. 0,129

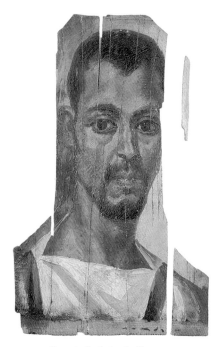

Portrait funéraire du Fayoum
IIᵉ siècle ap. J.-C.
Cire sur bois. H. 0,38. L. 0,24

Le Christ et l'abbé Mena
Monastère de Baouît, VI-VIIe siècle ap. J.-C.
Peinture à la détrempe sur bois de figuier. H. 0,57; L. 0,57

Chapiteau de Baouît
Monastère de Baouît, VII-VIIIe siècle ap. J.-C.
Calcaire. H. 0,54

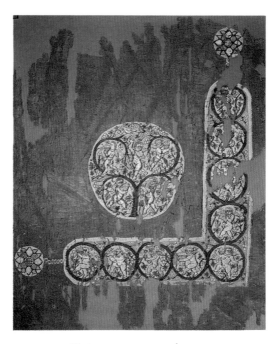

Tenture aux amours vendangeurs
IIIᵉ-IVᵉ siècle ap. J.-C.
Tapisserie en laine et lin. H. 0,97; L. 0,162

Antiquités grecques, romaines et étrusques

Tête féminine
Cycladique ancien II, vers 2700-2400 av. J.-C.
Marbre. H. 0,27

Statue féminine, dite « Dame d'Auxerre »
Dédalique crétois, vers 630 av. J.-C.
Calcaire. H. 0,75

Statue féminine, dite « Coré de Samos »
Style ionien, vers 570 av. J.-C.
Marbre. H. 1,92

Torse de Couros
Style naxien, vers 560 av. J.-C.
Marbre. H. 1,00

Tête masculine, dite du « Cavalier Rampin »
Attique, vers 550 av. J.-C.
Marbre. H. 0,27

Torse masculin, dit « Torse de Milet »
Style sévère, vers 480 av. J.-C.
Marbre. H. 1,32

Stèle funéraire, dite « L'Exaltation de la fleur »
Pharsale, style sévère, vers 460 av. J.-C.
Marbre. H. 0,60

Centaure enlevant une femme
Métope du temple du Parthénon, 447-440 av. J.-C.
Marbre. H. 1,35. L. 1,41

Les Grandes Panathénées
Fragment de la frise est du Parthénon, vers 440 av. J.-C.
Marbre. H. 0,96; L. 2,07

Torse d'Aphrodite, dite «Aphrodite de Cnide»
Copie romaine d'un original attribué à Praxitèle
Vers 350 av. J.-C. Marbre. H. 1,22

Tête d'Aphrodite, dite « Tête Kauffmann »
Tralles, style classicisant, IIe siècle av. J.-C.
Marbre. H. 0,35

Statue d'Aphrodite, dite « Vénus de Milo »
Mélos, style classicisant, vers 100 av. J.-C.
Marbre. H. 2,02

Victoire de Samothrace
Style rhodien hellénistique, vers 190 av. J.-C.
Victoire en marbre, navire en calcaire. H. 3,28

Guerrier combattant, dit « Gladiateur Borghèse »
Antium, style hellénistique, début du Iᵉʳ siècle av. J.-C.
Marbre. H. 1,99

Statue d'Apollon, dite « Apollon de Piombino »
Grande-Grèce, 1ᵉʳ siècle av. J.-C.
Bronze. H. 1,15

Loutrophore
Style protoattique, vers 680 av. J.-C.
Terre cuite. H. 0,81

Œnochoé, dite « Œnochoé Lévy »
Grèce de l'Est, vers 650 av. J.-C.
Terre cuite. H. 0,395

Amphore à figures noires
Signée du potier Exékias
Attique, vers 540 av. J.-C. Terre cuite. H. 0,50

Cratère en calice à figures rouges
Signé du peintre Euphronios
Attique, vers 510 av. J.-C. Terre cuite. H. 0,46

Coupe à figures rouges : Phénix et Briséis
Signée du potier Brygos, décor attribué au «Peintre de Brygos»
Attique, vers 490 av. J.-C. Terre cuite. Diam. 0,31

Cratère en calice à figures rouges
Attribué au «Peintre des Niobides»
Attique, vers 460 av. J.-C. Terre cuite. H. 0,54

Pendentif : tête d'Achéloüs
Début du Ve siècle av. J.-C.
Or. H. 0,04

Sarcophage des époux
Caere, fin du VIᵉ siècle av. J.-C.
Terre cuite. H. 1,14; L. 1,90

Plaque de revêtement
Caere, fin du VIᵉ siècle av. J.-C.
Terre cuite. H. 1,23

Autel de Domitius Ahenobarbus
Fragment de relief
Rome, vers 100 av. J.-C. Marbre. L. 2,05

Ara Pacis, cortège impérial
Fragment de relief
Rome, consacré en 9 av. J.-C. Marbre. H. 1,20; L. 1,47

107

Portrait de Livie
Rome, vers 100 av. J.-C.
Basalte. H. 0,34

Statue de Marcellus
Rome, 23 av. J.-C.
Marbre. H. 1,80

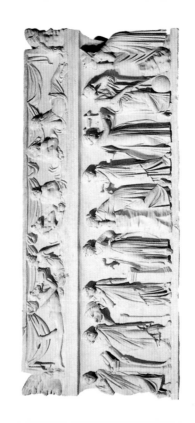

Sarcophage des muses
Environs de Rome, vers 150–160 ap. J.-C.
Marbre. H. 0,61 ; L. 2,06

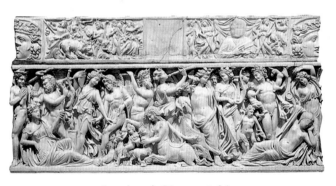

Sarcophage de Dionysos et Ariane
Rome, vers 235 ap. J.-C.
Marbre. H. 0,98; L. 2,08

Portrait d'Hadrien
Deuxième quart du IIe siècle ap. J.-C.
Tête. Bronze. H. 0,43

Médaillon : monnaie de Constantin
Monnaie frappée à Sirmium, 321 ap. J.-C.
Or. Diam. 9,2 cm

Vase d'Émèse (Homs)
VI–VIIe siècle ap. J.-C.
Argent. H. 0,44

Diptyque des muses
Vᵉ siècle ap. J.-C.
Ivoire. H. 0,29

Génie ailé
Pompéi, peinture de la villa de Publius Fannius Sinistor
Troisième quart du 1ᵉʳ siècle av. J.-C.
H. 1,26; L. 0,71

Melpomène
Pompéi, peinture murale de la villa de Julia Félix
Entre 62 et 79 ap. J.-C.
H. 0,46

Le Jugement de Pâris
Mosaïque d'Antioche (Turquie)
Peu après 115 ap. J.-C.
Marbre, calcaire et pâte de verre. H. 1,86

Le Phénix
Mosaïque de sol de Daphné (Turquie)
Fin du Ve siècle ap. J.-C.
Marbre et calcaire. H. 6,00; L. 4,25

Objets d'art

L'Empereur triomphant, dit « Ivoire Barberini »
Constantinople, première moitié du VIᵉ siècle
Ivoire. H. 0,342; L. 0,268

Statuette équestre de Charlemagne
Art carolingien, IXe siècle
Bronze avec traces de dorure. H. 0,235

Patène de serpentine
Alexandrie (?), Ier siècle, et Saint-Denis, IXe siècle
Serpentine, or, grenat et pierres précieuses. Diam. 0,17

Triptyque Harbaville : déisis et saints
Constantinople, milieu du Xᵉ siècle
Ivoire, traces de dorure et de polychromie. H. 0, 24; L. 0,28

Vase en forme d'aigle, dit «Aigle de Suger»
Saint-Denis, avant 1147
Vase de porphyre antique, argent doré et niellé. H. 0, 431; L. 0,27

« Armilla » : la Résurrection
Meuse, vers 1170
Cuivre doré, émaux champlevés. H. 0,113; L. 0,147

Ciboire d'Alpais
Limoges, vers 1200
Cuivre doré, ciselé et gravé, émail champlevé, appliques
fondues et rapportées, pierreries. H. 0,30; diam. 0,168

Descente de Croix
Paris, troisième quart du XIIIe siècle
Ivoire d'éléphant, traces de polychromie et de dorure
H. du groupe de Joseph et du Christ: 0,290; H. de la Vierge : 0,245

Polyptyque-reliquaire de la Vraie Croix
Meuse ou Nord de la France, après 1254
Argent doré, repoussé, ciselé et gravé, nielles, pierreries
H. 0,79; L. 0,92

Sceptre de Charles V
Paris, 1365-1380
Or autrefois émaillé (fleur de lis), perles, pierres précieuses
H. totale : 0,60

Jean Fouquet, Tours, vers 1420-*id*., 1477/1481
Autoportrait, vers 1450
Émail peint sur cuivre. Diam. 0,068

Bartolomeo Bellano Padoue, Padoue, vers 1440-*id.*, 1496/1497
Saint Jérôme et le lion, vers 1490-1495
Bronze à patine noire craquelée. H. 0,25; L. 0,205

Andrea Briosco, dit Riccio, Padoue, 1470-*id.*, 1532
Le Paradis, Padoue, vers 1516-1521
Bas-relief. Bronze à patine brune H. 0,37; L. 0,49

Fabrique des Fontana
Coupe d'accouchée et assiette
Urbino, vers 1560-1570
Faïence. Diam. 0,215 (coupe)

Jean Boulogne, Douai, 1529-Florence, 1608
Nessus et Déjanire
Florence, vers 1575-1580
Bronze à patine brun rouge. H. 0,421; L. 0,305

Le Mois d'août
Sixième pièce de la tenture des *Chasses de Maximilien*,
d'après Barend Van Orley, Bruxelles, vers 1528-1533
Tapisserie, laine et soie, fils d'or et d'argent. H. 4,48; L. 5,58

Aiguière et bassin du siège de Tunis
Anvers, 1558-1559
Argent doré et émaillé. Aiguière : H. 0,435; bassin : Diam. 0,64

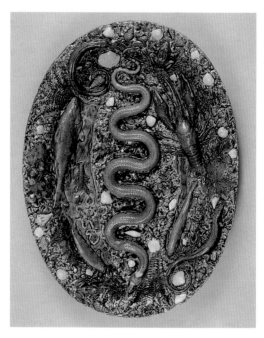

Bernard Palissy, Agen, 1510 ?-Paris, 1590
Bassin décoré de « rustiques figulines », France, vers 1560
Terre vernissée

H. 0, 074; L. 0,525; P. 0,403

Léonard Limosin, Limoges, vers 1505-*id.*, vers 1575
Portrait du connétable Anne de Montmorency, 1556
Émail peint sur cuivre, monture en bois doré
H. 0,72; L. 0,56

Pierre Redon, mort vers 1572
Bouclier de Charles IX, Paris, vers 1572
Fer repoussé et plaqué d'or, émail. H. 0,68; L. 0,49

Pierre Delabarre, actif en 1625–mort après 1654
Aiguière
Pierre : Ier siècle av. ou ap. J.-C.; monture : Paris, vers 1630
Sardonyx, or émaillé. H. 0,28

Moise sauvé des eaux
Détail de la troisième pièce de la tenture de l'*Ancien Testament*
d'après Simon Vouet
Paris, atelier du Louvre, vers 1630. Tapisserie, laine et soie. H. 4,95; L. 5,88

André-Charles Boulle, Paris, 1642-*id.*, 1732
Armoire, Paris, vers 1700-1710
Bâti de chêne et sapin, placage d'ébène, cuivre, écaille, étain,
bronzes dorés. H. 2,65; L. 1,35; P. 0,54

Charles Cressent, Amiens, 1685-Paris, 1768
Commode au singe, Paris, vers 1735-1740
Bâti de sapin et chêne, placage de satiné et amarante, bronze doré,
marbre de Sarrancolin. H. 0, 90; L. 1,47; P. 0,63

Manufacture royale de porcelaine de Sèvres
Pot-pourri « vaisseau » de Mme de Pompadour, 1760
Porcelaine tendre. H. 0,37; L. 0,35

Jean Henri Riesener, Paris, 1734-*id.*, 1806
Bureau à cylindre de la reine Marie-Antoinette, Paris, 1784
Marqueterie avec placage de sycomore formant un décor
de losanges, bronze doré. H. 1,05; L. 1,13; P. 0,64

Martin Carlin, Fribourg, vers 1730-Paris, 1785
Commode à trois vantaux pour la comtesse du Barry, Paris, vers 1772
Bois de placage et panneaux de porcelaine de Sèvres
peints en 1765 d'après J.-B. Pater, N. Lancret, et C. Van Loo
H. 0,87; L. 1,20; P. 0,48

Adam Weisweiler, Neuwied-sur-le Rhin, 1744-Paris, 1820
Table à écrire de la reine Marie-Antoinette, Paris, 1784
Bâti de chêne, placage d'ébène, laque, nacre, acier, bronze
doré. H. 0,82; L. 0,47; P. 0,44

François Honoré Jacob–Desmalter, Paris, 1770–*id.*, 1841
Serre-bijoux de l'impératrice Joséphine, Paris, 1809
Bâti de chêne, placage d'if des îles et d'amarante, nacre,
bronze doré. H. 2,75; L. 2, 00; P. 0,60

Martin Guillaume Biennais, Lacochère, Orne, 1764-*id*., 1843
*Pièce du service à thé de Napoléon I*er, Paris, 1809-1810
Fontaine à thé. Argent doré. H. 0,80; L. 0,45

À l'Escalier de cristal (Marie-Jeanne Rosalie Désarnaud-Charpentier) d'après Nicolas Henri Jacob, Paris, 1782-*id.*, 1842
Toilette, Paris, vers 1819
Cristal et bronze doré. Table: H. 1,69; L. 1,22; P. 0,64

Alexandre Gabriel Lemonnier, Rouen, vers 1808-Paris, 1884
Couronne de l'impératrice Eugénie, Paris, 1855
Or, 2 490 diamants, 56 émeraudes. H. 0,13; Diam. 0,15

Sculptures

Daniel entre les lions
Paris, VIᵉ siècle et fin XIᵉ siècle
Chapiteau. Marbre. H. 0,50; L. 0,53; P. 0,48

Christ mort (Christ Courajod)
Bourgogne, deuxième quart du XIIe siècle
Bois avec traces de dorure et de polychromie
H. 1,55; L. 1,68; P. 0,30

Saint Michel terrassant le dragon
Deuxième quart du XIIᵉ siècle
Relief. Pierre. H. 0,85; L. 0,77; P. 0,25

Le Roi Childebert,
Île-de-France, vers 1239-1244
Statue. Pierre, avec traces de polychromie
H. 1,91; L. 0,53; P. 0,55

Tête de femme coiffée d'un touret
Deuxième quart du XIIIe siècle
Fragment de haut-relief. Pierre H. 0,21; L. 0,16; P. 0,20

Saint Matthieu écrivant sous la dictée de l'ange
Chartres, deuxième quart du XIIIe siècle
Haut-relief. Pierre. H. 0,66; L. 0,50

Charles V, roi de France
Île-de-France, troisième tiers du XIVe siècle
Statue. Pierre. H. 1,95; L. 0,71; P. 0,41

Saint Jean au calvaire
Vallée de la Loire, troisième quart du XVᵉ siècle
Statue. Bois, avec traces de polychromie. H. 1,40; L. 0,46; P. 0,39

Tombeau de Philippe Pot
Bourgogne, dernier quart du XVᵉ siècle
Pierre polychrome. H. 1,80; L. 2,65

L'Éducation de l'Enfant
Bourbonnais, fin du XVᵉ siècle
Groupe. Pierre avec traces de polychromie. H. 0,79; L. 0,45

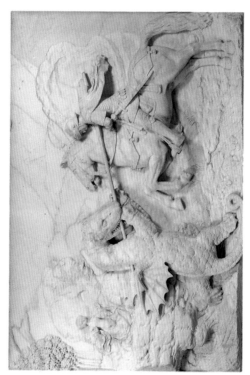

Michel Colombe, Berry ou Bourbonnais, vers 1430–Tours, après 1511?
Saint Georges combattant le dragon, Tours, 1508–1509
Relief. Marbre. H. 1,75; L. 2,72

Louise de Savoie
Vallée de la Loire, début XVIᵉ siècle
Buste. Terre cuite. H. 0,47; L. 0,54, P. 0,23

Atelier de Guillaume Regnault, vers 1460–1532
Vierge à l'Enfant
Vallée de la Loire, premier tiers du XVIᵉ siècle
Statue. Marbre. H. 1,83; L. 0,60

Jean Goujon, Normandie, vers 1510-Bologne, vers 1565
Nymphe et génie, Paris, vers 1547-1549
Relief. Pierre. H. 0,73; L. 1,95; P. 0,13

Germain Pilon, Paris, vers 1528-*id.*, 1590
Vierge de douleur, Paris, vers 1585
Statue. Terre cuite polychrome. H. 1,68; L. 1,19; P. 0,78

Jacques Sarrazin, Noyon, 1592-Paris, 1660
Louis XIV enfant, Paris, 1643
Buste. Bronze. H. 0,47; L. 0,44; P. 0,24

Martin Desjardins (Martin Van den Bogaert, dit), Breda, 1637-Paris, 1694
Le Passage du Rhin, relief provenant de la place des Victoires
Bronze. H. 1,10. L. 1,68; P. 0,12

Pierre Puget, Marseille, 1620- *id*., 1694
Milon de Crotone dévoré par un lion, Provence, 1670-1683
Groupe. Marbre. H. 2,70; L. 1,40; P. 0,98

Antoine Coysevox, Lyon, 1640-Paris, 1720
Le Grand Condé, Paris, 1688
Buste. Bronze. H. 0,75; L. 0,70; P. 0,32

Guillaume Ier Coustou, Lyon, 1677-Paris, 1746
Cheval retenu par un palefrenier, dit Cheval de Marly, Paris, 1739-1745
Groupe. Marbre. H. 3,55; L. 2,84; P. 1,15

Edme Bouchardon, Chaumont, 1698–Paris, 1762
L'Amour qui se taille un arc dans la massue d'Hercule
Paris, 1739-1750
Statue. Marbre. H. 1,73; L. 0,75; P. 0,75

Jean-Baptiste Pigalle, Paris, 1714-*id.*, 1785
Mercure rattachant ses talonnières, Paris, 1744
Statuette. Marbre. H. 0,59; L. 0,35; P. 0,30

Jean-Baptiste Pigalle, Paris, 1714–*id.*, 1785
Voltaire nu, Paris, 1776
Statue. Marbre. H. 1,50; L. 0,89; P. 0,77

Étienne Maurice Falconet, Paris, 1716- *id.*, 1791
La Baigneuse, Paris, 1757
Marbre. H. 0,82; L. 0,26; P. 0,28

Augustin Pajou, Paris, 1730-*id.*, 1809
Portrait de la comtesse du Barry, Paris, 1773
Buste. Marbre. H. 0,72; L. 0,48; P. 0,26

Jean Antoine Houdon, Versailles, 1741–Paris, 1828
Sabine Houdon à l'âge de dix mois, Paris, 1788
Buste. Plâtre original. H. 0,38; L. 0,247; P. 0,168

Jean Antoine Houdon, Versailles, 1741–Paris, 1828
Mausolée du cœur de Victor Charpentier, comte d'Ennery, Paris, 1781
Marbre. H. 2,32; L. 2,25

Antoine Denis Chaudet, Paris, 1763-*id.*, 1810
L'Amour, 1802 - achevé par Cartellier, 1817
Statue. Marbre. H. 0,80 ; L. 0,44 ; P. 0,64

Jean-Jacques Caffieri, Paris, 1725-*id.*, 1792
Le Chanoine Alexandre-Gui Pingré, Paris, 1788
Buste. Terre cuite. H. 0,675; L. 0,515; P. 0,346

François Rude, Dijon, 1784-*id.*, 1855
Jeune Pêcheur napolitain jouant avec une tortue, Paris, 1831-1833
Statue. Marbre. H. 0,82; L. 0,88; P. 0,48

Antoine Louis Barye, Paris, 1796- *id.*, 1875
Lion au serpent, Paris, 1832
Groupe. Bronze. H. 1,35; L. 1,78; P. 0,96

Donato di Niccolo Bardi, dit Donatello, Florence, 1386-*id.*, 1466
Vierge à l'Enfant, Florence, 1440
Relief. Terre cuite peinte et dorée. H. 1,02; L. 0,75; P. 0,12

Agostino Antonio di Duccio, Florence, 1418-Pérouse, 1481
La Vierge à l'Enfant entourée d'anges
Florence, troisième quart du XVᵉ siècle
Relief. Marbre. H. 0,81; L. 0,77

Desidèrio da Settignano, Settignano, 1428–Florence, 1464
Le Christ et saint Jean-Baptiste enfants
Médaillon. Marbre. Diam. 0,51

Michelangelo Buonarroti, dit Michel-Ange
Caprese, près d'Arezzo, 1475-Rome, 1564
Esclaves, Rome, 1513-1515
Statues inachevées. Marbre. H. 2,09

Gian Lorenzo Bernini, dit Bernin, Naples, 1598-Rome, 1680
Le cardinal Armand de Richelieu, Rome, 1640-1641
Buste. Marbre. H. 0,84; L. 0,70; P. 0,32

Vierge à l'Enfant
Rhin supérieur, fin du XVe siècle
Statue. Bois de tilleul. H. 1,72; L. 0,76; P. 0,495

Gregor Erhart, mort en 1540
Sainte Marie-Madeleine, Augsbourg, début du XVIᵉ siècle
Statue. Bois de tilleul polychrome. H. 1,77; L. 0,44; P. 0,43

Adrien de Vries, La Haye, 1546-Prague, 1626
Mercure et Psyché, Prague, 1593
Bronze. H. 2,15; L. 0,92; P. 0,72

PEINTURES

Jean II le Bon, roi de France, vers 1350
Bois. H. 0,60; L. 0,445

Jean Malouel, Nimègue, avant 1370–Dijon, 1415
Pietà, dite La Grande Pietà ronde, vers 1400
Bois. Diam. 0,645

Jean Fouquet, Tours, vers 1420-*id.*, 1477/1481
Charles VII, roi de France, vers 1445-1450
Bois. H. 0,86; L. 0,71

Henri Bellechose
Actif à la cour de Bourgogne de 1415 à 1440/1444
Retable de saint Denis, 1416
Transposé de bois sur toile. H. 1,62; L. 2,11

Enguerrand Quarton, connu en Provence de 1444 à 1466
Pietà de Villeneuve-les-Avignon, vers 1455
Bois. H. 1,63; L. 2,185

Jean Hey, dit le Maître de Moulins, actif dans le centre
de la France entre 1480 et 1500
*Portrait présumé de Madeleine de Bourgogne, dame de Laage, présentée
par sainte Madeleine,* vers 1490. Bois. H. 0,56; L. 0,40

Attribué à Jean Clouet, 1485/1490-1540/1541
François Ier, roi de France ?, vers 1530 (?)
Bois. H. 0,96; L. 0,74

François Clouet, ? –Paris, 1572
Portrait de Pierre Quthe, apothicaire, 1562
Bois. H. 0,91; L. 0,70

École de Fontainebleau, milieu du XVIᵉ siècle
Diane chasseresse, vers 1550
Toile. H. 1,91; L. 1,32

Valentin de Boulogne, Coulommiers, 1594-Rome, 1632
Concert au bas-relief antique, vers 1622-1625
Toile. H. 1,73 ; L. 2,14

Georges de La Tour, Vic-sur-Seille, 1593–Lunéville, 1652
Le Tricheur, vers 1635 –1640
Toile. H. 1,06; L. 1,46

Georges de La Tour, Vic-sur-Seille, 1593-Lunéville, 1652
Saint Joseph charpentier, vers 1640
Toile. H. 1,37; L. 1,02

Simon Vouet, Paris, 1590–*id.*, 1649
La Présentation au temple, 1641
Toile. H. 3,93. L. 2,50

Lubin Baugin, Pithiviers, vers 1612–Paris, 1663
Le Dessert de gaufrettes, vers 1630–1635
Bois. H. 0, 41; L. 0,52

Nicolas Poussin, Les Andelys, 1594–Rome, 1665
L'Inspiration du poète, vers 1630 (?)
Toile. H. 1,825; L. 2,130

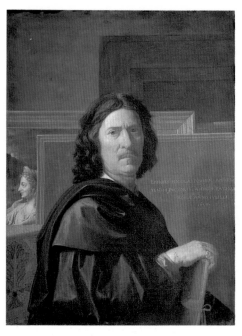

Nicolas Poussin, Les Andelys, 1594-Rome, 1665
Autoportrait, 1650
Toile. H. 0,98; L. 0,74

Nicolas Poussin, Les Andelys, 1594-Rome, 1665
L'Automne, vers 1660-1664
Toile. H. 1,18; L. 1,60

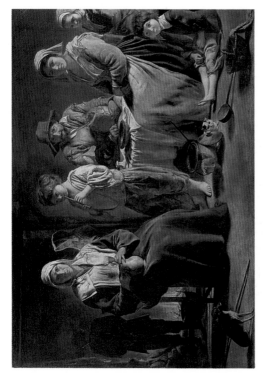

Louis (ou Antoine?) Le Nain, Laon, vers 1600/1610-Paris, 1648
Famille de paysans, vers 1640-1645
Toile. H. 1,13; L. 1,59

Louis (ou Antoine?) Le Nain, Laon, vers 1600/1610–Paris, 1648
La Forge, vers 1640-1645
Toile. H. 0,69; L. 0,57

Claude Gellée, dit Le Lorrain, Chamagne, vers 1602-Rome, 1682
Le Débarquement de Cléopâtre à Tarse, 1642
Toile. H. 1,19; L. 1,68

Philippe de Champaigne, Bruxelles, 1602–Paris, 1674
L'Ex-voto de 1662, 1662
Toile. H. 1,65; L. 2,29

Eustache Le Sueur, Paris, 1616–*id.*, 1655
Clio, Euterpe et Thalie, vers 1652
Bois. H. 1,30; L. 1,30

Charles Le Brun, Paris, 1619-*id.*, 1690
Le chancelier Séguier, vers 1655-1657
Toile. H. 2,95 ; L. 3,51

Hyacinthe Rigaud, Paris, 1659-*id.*, 1743
Louis XIV, roi de France, 1701
Toile. H. 2,77; L. 1,94

Jean Antoine Watteau, Valenciennes, 1684-Nogent-sur-Marne, 1721
Pierrot, dit autrefois Gilles, vers 1718-1719
Toile. H. 1,84; L. 1,49

Jean Antoine Watteau, Valenciennes, 1684–Nogent-sur-Marne, 1721
Pèlerinage à l'île de Cythère, 1717
Toile. H. 1, 29; L. 1,94

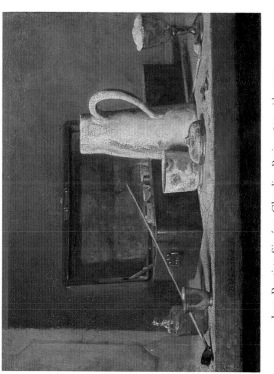

Jean-Baptiste Siméon Chardin, Paris, 1699– *id.*, 1779
Pipes et vase à boire, vers 1737
Toile. H. 0,325; L. 0,420

Jean-Baptiste Siméon Chardin, Paris, 1699- *id.*, 1779
La Pourvoyeuse, 1739
Toile. H. 0, 47; L. 0,38

François Boucher, Paris, 1703–id., 1770
Diane sortant du bain, 1742
Toile. H. 0,56; L. 0,73

Jean Honoré Fragonard, Grasse, 1732–Paris, 1806
Les Baigneuses, vers 1765
Toile. H. 0,64; L. 0,80

Jean Honoré Fragonard, Grasse, 1732–Paris, 1806
L'Inspiration, vers 1769
Toile. H. 0,80; L. 0,64

Jean-Baptiste Greuze, Tournus, 1725–Paris, 1805
Le Fils puni, 1778
Toile. H. 1,30; L. 1,63

Jacques Louis David, Paris, 1748–Bruxelles, 1825
Le Serment des Horaces, 1784
Toile. H. 3,30; L. 4,25

Jacques Louis David, Paris, 1748-Bruxelles, 1825
Madame Récamier, 1800
Toile. H. 1,74 ; L. 2,44

Jacques Louis David, Paris, 1748–Bruxelles, 1825
*Le Sacre de Napoléon I*ᵉʳ*, le 2 décembre 1804*, 1800–1807
Toile. H. 6,21; L. 9,79

Hubert Robert, Paris, 1733–id., 1808
Vue imaginaire de la la Grande Galerie du Louvre en ruines, Salon de 1796
Toile. H. 1,145; L. 1,460

Pierre Paul Prud'hon, Cluny, 1758–Paris, 1823
L'impératrice Joséphine, 1805
Toile. H. 2,44; L. 1,79

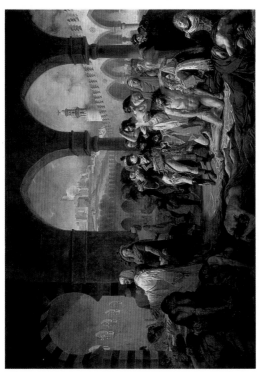

Antoine-Jean Gros, Paris, 1771–Meudon, 1835
Napoléon visitant les pestiférés de Jaffa (1799), 1804
Toile. H. 5,23; L. 7,15

Théodore Géricault, Rouen, 1791–Paris, 1824
Le Radeau de la Méduse, 1819
Toile. H. 4,91; L. 7,16

Théodore Géricault, Rouen, 1791–Paris, 1824
La Folle monomane du jeu, vers 1822 .
Toile. H. 0,770; L. 0,645

Eugène Delacroix, Charenton, Saint-Maurice, 1798–Paris, 1863
Scènes des massacres de Scio, 1824
Toile. H. 4,19; L. 3, 54

Eugène Delacroix, Charenton, Saint-Maurice, 1798–Paris, 1863
La Liberté guidant le peuple (28 juillet 1830), 1830
Toile. H. 2,60; L. 3,25

Jean Auguste Dominique Ingres, Montauban, 1780–Paris, 1867
Mademoiselle Rivière, exposé au Salon de 1806
Toile. H. 1,00; L. 0,70

Jean Auguste Dominique Ingres, Montauban, 1780-Paris, 1867
Louis-François Bertin, 1832
Toile. H. 1,16; L. 0,95

Jean-Auguste Dominique Ingres, Montauban, 1780-Paris, 1867
Le Bain turc, 1862
Toile sur bois. H. 1,10; L. 1,10

Théodore Chassériau
Sainte-Barbe-de-Samana, Saint-Domingue, 1819–Paris, 1856
Les Deux Sœurs, 1843
Toile. H. 1,80; L. 1,35

Jean-Baptiste Camille Corot, Paris, 1796- *id.*, 1875
Souvenir de Mortefontaine, exposé au Salon de 1864
Toile. H. 0,65; L. 0,89

Jean-Baptiste Camille Corot, Paris, 1796- *id.*, 1875
La Femme en bleu, 1874
Toile. H. 0,800; L. 0,505

Cenni di Pepi, dit Cimabue, Florence, vers 1240-*id.*, après 1302
Maestà (La Vierge et l'Enfant en majesté entourés de six anges), vers 1270 (?)
Bois. H. 4,27; L. 2,80

Giotto di Bondone, dit Giotto
Colle di Vespignano, vers 1267-Florence, 1337
Saint François d'Assise recevant les stigmates, vers 1290-1295 (?)
Bois. H. 3,13; L. 1,63

Simone Martini, Sienne, vers 1284–Avignon, 1344
Le Portement de croix, vers 1325–1335
Bois. H. 0,28; L. 0,16

Guido di Pietro, dit Fra Angelico
Vicchio di Mugello (?), vers 1400-Rome, 1455
Le Couronnement de la Vierge, avant 1435
Bois. H. 2,09; L. 2,06

Antonio Puccio, dit Pisanello, Vérone (?), av. 1395-*id.*, 1455
Portrait de Ginevra d'Este, vers 1436-1438 (?)
Bois. H. 0,43; L. 0,30

Stefano di Giovanni, dit Sassetta, Sienne, 1392 (?)-*id*., 1450
*La Vierge et l'Enfant entourés de six anges; saint Antoine de Padoue,
saint Jean l'Évangéliste*, vers 1437-1444. Bois. Panneau central:
H. 2,07; L. 1,18, panneaux latéraux: H. 1,95; L. 0,57

Piero della Francesca, Borgo San Sepolcro, vers 1422–*id.*, 1492
Portrait de Sigismond Malatesta (1416-1468), vers 1450
Bois. H. 0,44; L. 0,34

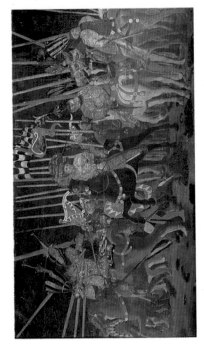

Paolo di Dono, dit Uccello, Florence, 1397–id., 1475
La Bataille de San Romano, vers 1450
BOIS. H. 1,82; L. 3,17

Andrea Mantegna, Isola di Carturo, 1431–Mantoue, 1506
Le Calvaire, vers 1456–1459
Bois. H. 0,76; L. 0,96

Andrea Mantegna, Isola di Carturo, 1431-Mantoue, 1506
Saint Sébastien, vers 1480
Toile. H. 2,55; L. 1,40

Antonello da Messina, connu à Messine en 1456–Messine, 1479
Portrait d'homme dit « Le Condottiere », 1475
Bois. H. 0,36; L. 0,30

Cosme Tura, Ferrare, vers 1430-*id*., 1495
Pietà, vers 1480
Bois. H. 1,32. L. 2,68

Giovanni Bellini, Venise, vers 1430-*id.*, 1516
Le Christ bénissant, vers 1460
Bois. H. 0,58; L. 0,46

Sandro di Mariano di Felipepi, dit Botticelli
Florence, vers 1445-*id.*, 1510
Vénus et les Grâces offrant des présents à une jeune fille, vers 1483
Fresque. H. 2,11; L. 2,83

Leonardo di ser Piero da Vinci, dit Léonard de Vinci
Vinci, 1452-Cloux, 1519
La Vierge aux Rochers, 1483-1486
Bois. transposé sur toile H. 1,99; L. 1,22

Leonardo di ser Piero da Vinci, dit Léonard de Vinci
Vinci, 1452-Cloux, 1519
La Vierge, l'Enfant Jésus et sainte Anne, vers 1510
Bois. H. 1,68; L. 1,30

Leonardo di ser Piero da Vinci, dit Léonard de Vinci
Vinci, 1452-Cloux, 1519
Portrait de Mona Lisa, dite la Joconde, 1503-1506
Bois. H. 0,60; L. 0,47

Domenico di Tomaso Bigordi, dit Ghirlandaio
Florence, 1449–*id*., 1494
Vieillard et son petit-fils, vers 1490
Bois. H. 0,627; L. 0,463

Raffaello Santi, dit Raphaël, Urbino, 1483-Rome, 1520
Portrait de Baldassare Castiglione, vers 1514-1515
Toile. H. 0,82; L. 0,67

Raffaello Santi, dit Raphaël, Urbino, 1483-Rome, 1520
La Belle Jardinière (La Vierge et l'Enfant avec saint Jean-Baptiste), 1507
Bois cintré. H. 1,22; L. 0,80

Raffaello Santi, dit Raphaël, Urbino, 1483-Rome, 1520
Grande Sainte Famille, 1518
Toile. H. 1,90; L. 1,40

Andrea d'Agnolo di Francesco, dit Andrea del Sarto
Florence, 1486-*id.*, 1530
La Charité, 1518
Toile. H. 1,85; L. 1,37

Antonio Allegri, dit Corrège, Correggio, 1489 (?)-*id.*, 1534
Vénus, Satyre et Cupidon, vers 1525
Toile. H. 1,90; L. 1,24

Tiziano Vecellio, dit Titien
Pieve di Cadore, 1488/1489-Venise, 1576
Le Concert champêtre, vers 1510-1511
Toile. H. 1,10; L. 1,38

Tiziano Vecellio, dit Titien
Pieve di Cadore, 1488/1489-Venise, 1576
La Mise au tombeau, vers 1525
Toile. H. 1,27; L. 1,63

Tiziano Vecellio, dit Titien
Pieve di Cadore, 1488/1489-Venise, 1576
Portrait d'homme, dit l'Homme au gant, vers 1520-1525
Toile. H. 1,00; L. 0,89

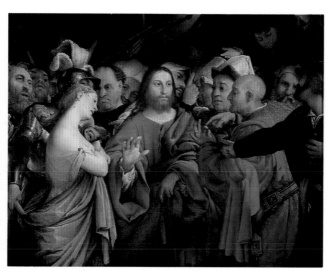

Lorenzo Lotto, Venise, 1480–Lorette, 1556
Le Christ et la femme adultère, vers 1530-1535
Toile. H. 1,24; L. 1,56

Giovanni Battista di Jacopo, dit Rosso Fiorentino
Florence, 1496-Fontainebleau, 1540
Pietà, vers 1530–1535
Bois transposé sur toile. H. 1,27; L. 1,63

Niccolo dell'Abate
Modène, vers 1509 ou 1512-Fontainebleau ou Paris, 1571 (?)
L'Enlèvement de Proserpine, vers 1560
Toile. H. 1,96; L. 2,18

273

Paolo Caliari, dit Véronèse, Vérone, 1528-Venise, 1588
Les Noces de Cana, 1562-1563
Toile. H. 6,66; L. 9,90

Paolo Caliari, dit Véronèse, Vérone, 1528-Venise, 1588
Les Pèlerins d'Emmaüs, vers 1559-1560
Toile. H. 2,90; L. 4,48

Jacopo Robusti, dit Tintoret, Venise, 1518-*id*., 1594
Le Paradis, vers 1578-1579
Toile. H. 1,43; L. 3,62

Federico Barocci, dit Baroche, Urbino, v. 1535-*id.*, 1612
La Circoncision, 1590
Toile. H. 3,56; L. 2,51

Annibale Carracci, dit Annibal Carrache
Bologne, 1560-Rome, 1641
La Pêche, vers 1585-1588
Toile. H. 1,35; L. 2,53

Michelangelo Merisi, dit Caravage
Caravaggio, v. 1571-Port'Ercole, 1610
La Mort de la Vierge, 1605-1606
Toile. H. 3,69; L. 2,45

Michelangelo Merisi, dit Caravage, Caravaggio, vers 1571-Port'Ercole, 1610
La Diseuse de bonne aventure, vers 1594-1595
Toile. H. 0,99; L. 1,31

Orazio Gentileschi, Pise, 1563–Londres, 1639
Le Repos pendant la fuite en Égypte, vers 1628
Toile. H. 1, 58; L. 2,25

281

Gian Francesco Barbieri, dit Guerchin, Cento, 1591–Bologne, 1666
La Résurrection de Lazare, vers 1619
Toile. H. 1,99; L. 2,33

Guido Reni, Bologne, 1575-*id.*, 1642
L'Enlèvement d'Hélène, 1631
Toile. H. 2,59; L. 1,93

Giambattista Piazzetta, Venise, 1683– *id.*, 1754
L'Assomption de la Vierge, 1735
Toile. H. 5,15; L. 2,45

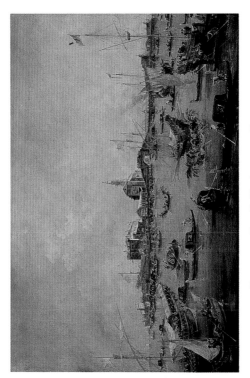

Francesco Guardi, Venise, 1712-*id.* 1792
Le Doge sur le Bucentaure à San Niccolo du Lido, vers 1766-1770
Toile. H. 0,67; L. 1,00

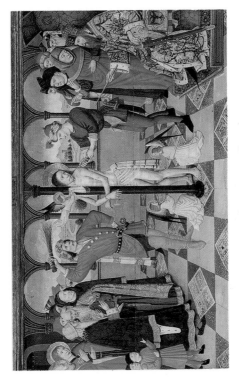

Jaime Huguet, Valls, vers 1415-Barcelone, 1492
La Flagellation du Christ, vers 1450
Bois. H. 0,92; L. 1,56

Domenicos Theotocopoulos, dit Greco, Candie, 1541-Tolède, 1614
Le Christ en croix adoré par deux donateurs, vers 1585-1590
Toile. H. 2,60; L. 1,71

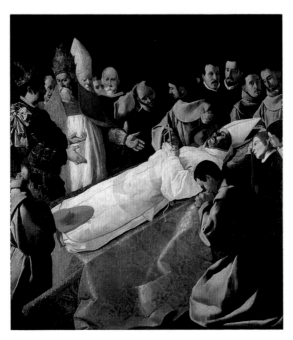

Francisco de Zurbarán, Fuente de Cantos, 1598-Madrid, 1664
L'Exposition du corps de saint Bonaventure, 1629
Toile. H. 2,45; L. 2,20

Jusepe de Ribera, Játiva, 1591–Naples, 1652
Le Pied-bot, 1642
Toile. H. 1,64; L. 0,93

Bartolomé Esteban Murillo, Séville, 1618-*id.*, 1682
Le Jeune Mendiant, vers 1650
Toile. H. 1,34; L. 1,00

Juan Carreño da Miranda
Gijón, 1614–Madrid, 1685
La Fondation de l'ordre des Trinitaires, 1666
Toile. H. 5,00; L. 3,31

Francisco Goya y Lucientes
Fuendetodos, 1746-Bordeaux, 1828
Portrait de la comtesse del Carpio, marquise de la Solana, vers 1793
Toile. H. 1,81; L. 1,22

Francisco Goya y Lucientes, Fuendetodos, 1746–Bordeaux, 1828
Ferdinand Guillemardet, 1798
Toile. H. 1,86; L. 1,24

Maître du retable de saint Barthélemy
actif à Cologne vers 1480-1510
La Descente de Croix, vers 1501-1505
Bois. H. 2,275 et 1,525; L. 2,10

Albrecht Dürer, Nuremberg, 1471–*id.*, 1528
Autoportrait, 1493
Parchemin marouflé sur toile. H. 0,56; L. 0,44

Lucas Cranach, Cranach, 1472-Weimar, 1553
Vénus debout dans un paysage, 1529
Bois. H. 0,38; L. 0,25

Hans Holbein le Jeune, Augsbourg, 1497/1498-Londres, 1543
Érasme, 1523
Bois. H. 0,42; L. 0,32

Hans Holbein le Jeune, Augsbourg, 1497/1498-Londres, 1543
Nicolas Kratzer, 1528
Bois. H. 0,83; L. 0,67

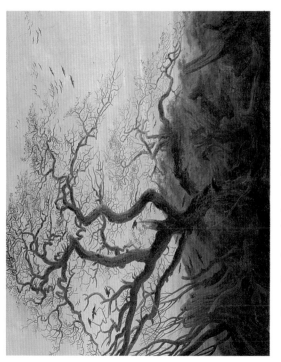

Caspar David Friedrich, Greifswald, 1774-Dresde, 1840
L'Arbre aux corbeaux, vers 1822
Toile. 0,59; L. 0,74

Jan Van Eyck, Maaseyck, (?)-Bruges, 1441
La Vierge au chancelier Rolin, vers 1435
Bois. H. 0,66; L. 0,62

Rogier Van der Weyden, Tournai, 1399/1400-Bruxelles, 1464
L'Annonciation, vers 1435
Bois. H. 0,86; L. 0,93

Rogier Van der Weyden, Tournai, 1399/1400-Bruxelles, 1464
Triptyque de la famille Braque, vers 1450
(panneau central: *Le Christ entre la Vierge
et saint Jean l'Évangéliste*). Bois H. 0,41 ; L. 0,68
(volet gauche : *Saint Jean-Baptiste*; volet droit :
sainte Madeleine). Bois H. 0,41; L. 0,34

Hans Memling, Seligenstadt am Main, vers 1435-Bruges, 1494
Portrait d'une femme âgée, vers 1470-1475
Bois. H. 0,35; L. 0,29

Quentin Metsys, Louvain, 1465/1466-Anvers, 1530
Le Prêteur et sa femme, 1514
Bois. H. 0,70; L. 0,67

Geertgen tot Sint Jans, dit Gérard de Saint-Jean,
Leyde (?), 1460/1465-Haarlem, 1488/1493
La Résurrection de Lazare, vers 1480
Bois. H. 1,27; L. 0,97

Hieronymus (Jérôme) Bosch Van Aken,
Bois-le-Duc, vers 1450-*id*., 1516
La Nef des fous, vers 1500 (?)
Bois. H. 0,58; L. 0,32

Jan Gossaert, dit Mabuse
Maubeuge (?), vers 1478-Middleburg, 1532
Diptyque Carondelet, 1517. volet gauche : *Jean Carondelet;* volet droit :
308 *Vierge et l'Enfant*. Bois cintré. H. 0,425; L. 0, 270 (chaque panneau)

Anthonis van Dashorst, dit Antonio Moro
Utrecht, 1517-Anvers, 1576
Le Nain du cardinal de Granvelle, vers 1560
Bois. H. 1,26; L. 0,92

Pieter Bruegel le Vieux, Bruegel (?), vers 1525-Bruxelles, 1569
Les Mendiants, 1568
Bois. H. 0,18 ; L. 0,215

Peter Paul Rubens, Siegen, 1577–Anvers, 1640
La Kermesse, vers 1635–1638
Bois. H. 1,49; L. 2,61

Peter Paul Rubens, Siegen, 1577–Anvers, 1640
Hélène Fourment au carrosse, vers 1639
Bois. H. 1,95; L. 1,32

Peter Paul Rubens, Siegen, 1577–Anvers, 1640
*Apothéose d'Henri IV et proclamation de la régence de Marie de Médicis,
le 14 mai 1610, vers 1622–1624*
Toile. H. 3,94; L. 7,27

Jan Bruegel de Velours, Bruxelles, 1568-Anvers, 1625
La Bataille d'Issos, 1602
Bois. H. 0,86; L. 1,35

Antoon Van Dyck, Anvers, 1599–Blackfriars, 1641
Charles Ier, roi d'Angleterre, à la chasse, vers 1635
Toile. H. 2,66; L. 2,07

Jacob Jordaens, Anvers, 1593-*id.*, 1678
Les Quatre Évangélistes, vers 1625
Toile. H. 1,34; H. 1,18

Ambrosius Bosschaert le Vieux, Anvers, 1573-La Haye, 1621
*Bouquet de fleurs dans une arcature de pierre s'ouvrant
sur un paysage*, vers 1620
Cuivre. H. 0,23; L. 0,17

Joachim Wtewael, Utrecht, 1566–*id.* 1638
Persée secourant Andromède, 1611
Toile. H. 1,80; L. 1,50

Hendrick Ter Brugghen, Deventer, 1588–Utrecht, 1651
Le Duo, 1628
Toile. H. 1,06; L. 0,82

Frans Hals, Anvers, vers 1581/1585-Haarlem, 1666
La Bohémienne, vers 1628-1630
Bois. H. 0,58; L. 0,52

Rembrandt Harmensz Van Rijn, Leyde, 1606–Amsterdam, 1669
Les Pèlerins d'Emmaüs, 1648
Bois. H. 0,68; L. 0,65

Rembrandt Harmensz Van Rijn, Leyde, 1606–Amsterdam, 1669
Autoportrait au chevalet, 1660
Toile. H. 1,11; L. 0,90

Rembrandt Harmensz Van Rijn, Leyde, 1606-Amsterdam, 1669
Bethsabée au bain, 1654
Toile. H. 1,42; L. 1,42

Rembrandt Harmensz Van Rijn, Leyde, 1606–Amsterdam, 1669
Le Bœuf écorché, 1655
Bois. H. 0,94; L. 0,69

Gerrit Dou, Leyde, 1613-*id.*, 1675
La Femme hydropique, 1663
Bois cintré. H. 0,860; L. 0,678

Gabriel Metsu, Leyde, 1629-Amsterdam, 1667
Le Marché aux herbes d'Amsterdam, vers 1660
Toile. H. 0,970; L. 0,845

Pieter de Hooch, Rotterdam, 1629-Amsterdam, 1684
La Buveuse, 1658
Toile. H. 0,69; L. 0,60

Meindert Hobbema, Amsterdam, 1613-*id.*, 1709
Le Moulin à eau, vers 1660-1670 (?)
Toile. H. 0,80; L. 0,66

Jacob Van Ruisdael, Haarlem, 1628/1629–Amsterdam, 1682
Le Coup de soleil, vers 1660 (?)
Toile. H. 0,83; L. 0,99

Jan Vermeer, Delft, 1632-*id.*, 1675
La Dentellière, vers 1665
Toile sur bois. H. 0,24; L. 0,21

Jan Vermeer, Delft, 1632-*id.*, 1675
L'Astronome, vers 1668
Toile. H. 0,50; L. 0,45

Thomas Gainsborough, Sudbury, 1727-Londres, 1788
Lady Alston, vers 1760-1765
Toile. H. 2,26; L. 1,68

Sir Joshua Reynolds, Plumpton, 1723-Londres, 1792
Master Hare, 1788-1789
Toile. H. 0,77; L. 0,63

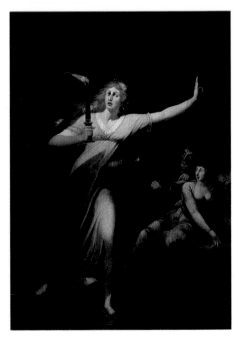

Johann Heinrich Füssli, Zurich, 1741-Londres, 1825
Lady Macbeth, 1784
Toile. H. 2,21; L. 1,60

Thomas Lawrence, Bristol, 1769-Londres, 1830
Mr et Mrs Angerstein, 1792
Toile. H. 2,52; L. 1,60

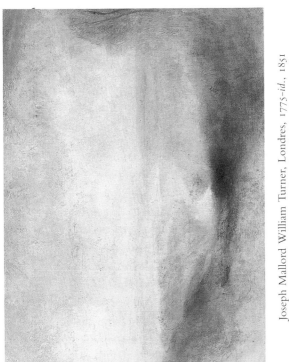

Joseph Mallord William Turner, Londres, 1775-id., 1851
Paysage avec une rivière et une baie dans le lointain, vers 1845
Toile. H. 0,93; L. 1,23

DESSINS

Atelier parisien
Parement de Narbonne, vers 1375
Encre noire sur soie. H. 0,775; L. 2,860

Jean Fouquet, Tours, v. 1420-*id.*, 1477/1481
Le Passage du Rubicon
Aquarelle, gouache et rehauts d'or sur vélin. H. 0, 44; L. 0,325

Jacques Callot, Nancy, 1592-*id.*, 1635
Louis XIII et Richelieu au siège de Ré
Pierre noire, lavis brun. H. 0,340; L. 0,528

Nicolas Poussin, Les Andelys, 1594-Rome, 1665
L'Extrême-Onction
Plume et encre brune, lavis brun. H. 0,230; L. 0,340

Claude Gellée, dit Le Lorrain, Chamagne, vers 1602-Rome, 1682
La Sibylle de Cumes conduisant Énée
Plume et encre brune, lavis brun et gris avec rehauts
de blanc sur papier beige. H. 0,253; L. 0,355

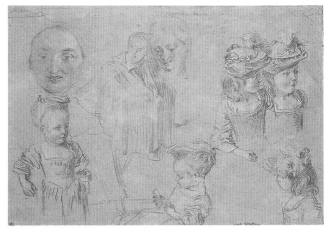

Jean Antoine Watteau, Valenciennes, 1684-Nogent-sur-Marne, 1721
Masque de Pierrot, cinq fillettes en buste, homme drapé et visage de femme
Sanguine avec rehauts de craie blanche sur papier chamois
H. 0,271; L. 0,400

Jean-Baptiste Siméon Chardin, Paris, 1699- *id.*, 1779
Autoportrait au chevalet, 1771
Pastel sur papier bleu tendu sur châssis entoilé. H. 0,407; L. 0,325

François Boucher, Paris, 1703-*id.*, 1770
Naïades et Triton, vers 1753
Sanguine, pierre noire et estompe, avec rehauts de blanc,
sur papier brunâtre. H. 0,291; L. 0,469

Maurice Quentin de La Tour, Saint-Quentin, 1704–Paris, 1788
La Marquise de Pompadour, 1752–1755
Pastel sur papier gris-bleu. H. 1,775; L. 1,31

Jean Honoré Fragonard, Grasse, 1732–Paris, 1806
Le Pacha
Pinceau et lavis brun. H. 0,248; L. 0,332

Jacques Louis David, Paris, 1748-Bruxelles, 1825
Marie-Antoinette conduite au supplice
Plume et encre brune. H. 0,148; L. 0,101

Eugène Delacroix, Charenton, Saint-Maurice, 1798-Paris, 1863
La Mariée juive de Tanger, 1832
Aquarelle sur traits à la mine de plomb sur papier beige
H. 0,288; L. 0,237

Théodore Géricault, Rouen, 1791–Paris, 1824
Léda et le Cygne
Crayon noir, lavis brun, aquarelle bleue, gouache blanche
en lavis et en rehauts sur papier brun. H. 0,217; L. 0,284

Jean Auguste Dominique Ingres, Montauban, 1780–Paris, 1867
La Famille Stamaty, 1818
Mine de plomb. H. 0,463; L. 0,371

Jacopo Bellini, ? -Venise, 1470–1471
La Flagellation du Christ
Plume et encre brune sur vélin. H. 0,422; L. 0,283

Antonio Puccio, dit Pisanello, Vérone (?), avant 1395-*id.*, 1455
Deux Chevaux
Plume et encre brune, traces de pierre noire. H. 0,200; L. 0,166

Andrea d'Agnolo di Francesco, dit Andrea del Sarto
Florence, 1486-*id.*, 1530
Tête d'homme, vue de face
Sanguine sur papier beige. H. 0,335; L. 0,255

Leonardo di ser Piero da Vinci, dit Léonard de Vinci
Vinci, 1452–Cloux, 1519
Isabelle d'Este
356 Pierre noire, sanguine, avec rehauts de pastel. H. 0,630; L. 0,460

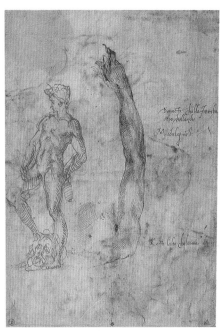

Michelangelo Buonarroti, dit Michel-Ange
Caprese, près d'Arezzo, 1475-Rome, 1564
Études de nus
Plume. H. 0,264; L. 0,185

Raffaello Santi, dit Raphaël, Urbino, 1483-Rome, 1520
Psyché présentant à Vénus l'eau du Styx
Sanguine. H. 0,263; L. 0,193

Francesco Mazzola, dit Parmigianino, Parme, 1503-Casalmaggiore, 1540
Canéphores
Sanguine, plume et encre brune, lavis brun, avec rehauts
de blanc sur papier beige. H. 0,196; L. 0,141

Tiziano Vecellio, dit Titien, Pieve di Cadore, 1488/1489- Venise, 1576
La Bataille de Cadore
Pierre noire avec touches de lavis brun et rehauts de blanc sur
papier bleu. Mise au carreau à la pierre noire. H. 0,383; L. 0,446

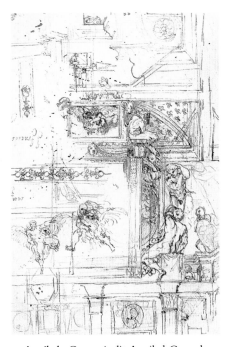

Annibale Carracci, dit Annibal Carrache
Bologne, 1560-Rome, 1641
Projet pour la galerie Farnèse
Sanguine, plume et encre brune. H. 0,386; L. 0,264

Giovanni Battista Piranesi
Moiano di Mestre, Venise, 1720-Rome, 1778
Intérieur d'un palais. Plume et encre brune, lavis brun,
sur esquisse à la sanguine. H. 0,512; L. 0,765

Albrecht Dürer, Nuremberg, 1471-*id*., 1528
Érasme
Pierre noire. H. 0,371; L. 0,267

Hans Baldung Grien, Gmünd, 1484/1485-Strasbourg, 1545
Phyllis et Aristote
Plume et encre noire. H. 0,281; L. 0,202

Hans Holbein le Vieux. Augsbourg, vers 1460-Issenheim, 1524
Tête de jeune femme. Pointe de métal, avec reprises
à la plume et encre noire, rehauts de sanguine et de blanc,
sur papier préparé en rose. H. 0,196; L. 0,154

Rogier Van der Weyden, Tournai, 1399 ou 1400-Bruxelles, 1464
Tête de Vierge
Pointe de métal sur papier préparé en gris clair. H. 0,129; L. 0,110

Pieter Bruegel Le Vieux, Bruegel (?), vers 1525-Bruxelles, 1569
Paysage des Alpes
Plume et encre brune. H. 0,236; L. 0,343

Peter Paul Rubens, Siegen, 1577-Anvers, 1640
Saint Georges tuant le dragon
Plume et encre brune, lavis brun. H. 0,337; L. 0,267

Jacob Jordaens, Anvers, 1593-*id.*, 1678
Le Couronnement de la Vierge par la Sainte-Trinité
Aquarelle et gouache sur traits de pierre noire, avec rehauts de
peinture à l'huile. Mise au carreau à la pierre noire. H. 0,465; L. 0,385

Antoon Van Dyck, Anvers, 1599–Blackfriars, 1641
L'Arrestation du Christ
Plume et encre brune, lavis brun
Mise au carreau à la pierre noire. H. 0,241; L. 0,209

Rembrandt Harmensz Van Rijn, Leyde, 1606–Amsterdam, 1669
Vue du canal Singel à Amersfoort
Plume et encre brune, lavis brun. H. 0,153; L. 0,277

Jean-Étienne Liotard 1758, Genève, 1702-*id*., 1789
Portrait de madame Tronchin
Pastel sur vélin. H. 0,63; L. 0,50

Francisco Goya y Lucientes, Fuendetodos, 1746–Bordeaux, 1828
« Mala Mujer »
Lavis brun. H. 0,203; L. 0,143

Joseph Mallord William Turner, Londres, 1775-*id.*, 1851
Vue du site et du château de Saint-Germain-en-Laye
Aquarelle. H. 0,299; L. 0,457

INDEX

375

377